시를 품은 자연

시를 품은 자연

주철민 사진시집

다솜출판사

시를 품은 자연을 출간하면서...

사진작가 주 철 민

유년 시절 장롱 속에 숨겨놓은 코닥 BOX 카메라를 갖고 놀다 부모님께 꾸중난 일
그러다 카투사로 근무할 때 우연히 모범 카투사로 선발되어 부상으로 페추리7S 카메라를 선물로 받게 되었습니다.
이것이 계기가 되어 휴일이면 계절따라 산과 들로 시골 장터로 촬영 다니게 되었고 이러한 환경이 사진작가로 입문하게 된 동기가 아닌가 생각됩니다.
처음으로 사진 공모전에 입상과 입선을 하여 자신감과 보람을 느꼈으나 깊이 파고들수록 난해하여 꼭 양파의 속성을 닮았다고 배웠습니다.
특히 사진은 시각언어로써 유명한 Kandisky의 색채의 언어에서 "사진은 색 자체로 살아나는 것이 아니고 빛 자체만으로도 만들어지는 것이 아니라 늘 빛이 중매를 서서 색깔끼리 궁합이 맞아야 향기가 나고 소리를 낸다" 이것이 조화 Harmony라 하였습니다.
한편 이번에 다시한번 문화기금의 혜택을 받게되어 제3집 "시를 품은 자연" 이란 타이틀로 새롭게 도전 해 보았습니다.
아직도 미완성의 작품을 격려 해주시면 감사하겠습니다.
끝으로 "시를 품은 자연" 발간에 물심양면으로 도움주신 강종관(사) 한국사진작가협회 부산광역시 지회장님과 문화재단 관계자님께 무한한 영광과 감사를 드립니다.

2024. 10

세 번째 작품집 발간을 진심으로 축하드리며...

(사)부산예술문화단체
총연합회
부회장 강 종 관

존경하는 주철민 선생님의 이번 작품집은 그동안의 여정과 경험이 고스란히 담긴 귀한 작품입니다.
첫 번째와 두 번째 작품집에서 보여주신 놀라운 감성과 창의력이 이번에도 여실히 드러나 있어, 독자들에게 깊은 감동을 선사할 것입니다.

사진 속에 담긴 이야기들은 단순한 이미지 이상의 의미를 가지고 있으며, 동행하는 싯귀 또한 선생님의 시선과 감정이 녹아들어 있어 또 한번 감탄을 자아내게 하고 있습니다.
또한 이미지와 시를 통해 독자들에게 새로운 시각을 제공하고, 그 속에서 큰 감동을 줄 것이라 믿습니다.

찬찬히 보면, 사진 한 장 한 장이 마치 선생님의 마음 속 이야기를 들려주는 듯합니다. 그 동안의 노력과 수많은 촬영 현장에서의 철학이 고스란히 담겨 있어, 독자들이 사진과 시를 통해 선생님의 혼을 읽을수 있음은 물론, 선생님의 예술적 여정에 큰 획이 되리라 믿어 의심치 않습니다..

앞으로도 계속해서 심오한 작품들을 창작하시어 많은 이들에게 영감을 주는 아티스트로 우리 후배들의 기억에 오랫동안 남아 주시길 바랍니다.
다시 한 번, 세 번째 사진집 발간을 축하드리며, 앞으로의 모든 활동에 건강과 행운이 가득하시길 기원드립니다!

2024년 10월

(사)한국사진작가협회 부산광역시지회장
(사)부산예술문화단체총연합회 부회장 강 종 관

차 례

사랑의 춤사위 · 10
오륙도 찬가 · 12
주남 일출 · 14
화포 천 · 16
봄의 길목 · 18
반곡지 · 20
청 보리밭 · 22

꽃잔치 · 24
바실라에 가면 · 26
해바라기 꽃 · 28
아라연꽃 · 30
연꽃 사랑 · 32
꽃 무릇 · 34
문골 다랭이 논 · 36

먹이사슬 · 38
서운암 · 40
동피랑 · 42
빨간 눈사람 · 44
가파도 · 46
운곡서원 · 48
감천마을 새인간 · 50

서라벌 · 52
사랑의 미로 · 54
철새 · 56
카트셔핑과 노을 · 58
귀로 · 60
현충일 · 62
계림의 달빛 공연 · 64

시를 쓰는 농부 · 66
추수 · 68
겨울나기 · 70
비상飛翔 · 72
징검다리 마을 · 74
첫눈 내리는 날 · 76
내 어린 시절 · 78

외로움의 길 · 80
농촌 아이들 · 82
절규 · 84
삼배짜기 · 86
길쌈 · 88
황혼의 얼굴 · 90
연탄 갈기 · 92

장독 마을 · 94
겨울 덕장 · 96
아기 사랑 · 98
해변의 아이들 · 100
수련과 실잠자리 · 102
수련꽃 · 104
할미꽃 · 106

동박새 · 108
시비 있는 마을(고향) · 110
대표 시 한수 · 111
시비 제막식(고향) · 112
회원님과 함께 활동 · 113
가족과 함께 · 114
안중근 의사를 찾아서 · 115
제35회 부산 사진대전 심사 · 116

사랑의 춤사위

한세상 출렁이는 세월 속에서
붉은 용암이 타오르면
순수한 사랑의 묘약을 합창한다

구름이 달을 품는 날
밤이슬 내리는 창공의 미로에서
별빛 젖은 하늘까지
귀뚜라미 소리가 들려올 때
단정학이 힘찬 날갯짓으로 아침을 연다

가을이 익을수록
산국화 허리가 시려지고
달빛과 함께 마시는 커피는
그대 입 맞춤처럼 달콤 씁쌀하다

오륙도 찬가

솔 향기 감도는 장자산
동생말 돌아 이기대
피를 토한 동백꽃 두송이
이기대 앞 바다에 떨어졌다

빛 내림 위용앞에
쪽빛 바다 헤엄치던
돌고래 꼬리 지느러미가
핵 오염수 막아내고

솔 우거진 청정 해역은
강태공 부르고
해녀들의 숨비로 태어난 등대섬
오형제가 동해 바다 지킨다

주남 일출

어둠 속에서 드러나는 빛
주남 호수위에
새벽의 숨결이 내려앉는다

하얀 눈꽃나무들 사이로
태양이 붉게 떠오르고
새로운 하루가 시작된

추운 새벽 새 박사와
커피 한잔 나눈대화로
미래의 꿈을 사진속에 담는다

화포 천

풀잎사이 나목들이
물안개 숨을 고르고
하얀꿈을 깨우고 있다

새벽안개가
붉은 용암을 밀어올리고
빛의 화살로 철새들이
난자당하고

강물이 흐르는
갈대숲 언저리에
온몸으로
사랑의 씨앗을 품고
생명의 숭고함이 살아 숨쉰다

봄의 길목

자욱하게 내려앉은
산안개

매화 가지에 앉아
그를 기다린다
타버린 가슴에 노을이 번지고

연분홍 꽃봉우리
마음을 연다

봄은 문턱을 넘나보다

반곡지

아침이슬이 마르지 않은 이른 새벽에
시장기를 때우고
안개 머무는 여명속에 반곡지에 도착했다

운무를 껴안고
속살을 내보이는 복사꽃에
길을 잃었다

몽롱한 사광선에 시심은 경계를 허물어
만개한 산언덕의 꽃길 따라
달려온 실바람은
여기가 무릉도원경인지
혼란스러워 한다

눈부신 꽃과 향기에
나는 한 마리 나비되어
꽃잎에 입맞춤한다

청 보리밭

가슴으로 얼음을 녹여
싹 틔운 청 보리

목동의 피리 소리로
송아지와 염소를 길동무 하던 시절
꼬맹이의 배꼽시계에는
가난의 그림자가 엷어져 사라진다

나비와 고추잠자리가
숨바꼭질 하는 그곳
주름진 얼굴이
추억의 접선을 거부하지만
못 다한 일기장에 노을만 붉게 탄다

꽃잔치

바람과 햇살로 키운 들녘
붉고 노란 튤립들이
꽃 기침에 춤사위한다

언덕길위 벚꽃들
분홍빛 가슴을 드러내며
꽃잎 속에서 환한 웃음을 짓고

꽃들에게 찬사를 보내다
봄의 기쁨을 만끽하며
서로 다른 빛깔로
자연의 선물을 마음에 담는다

세상을 물들이고
모두가 함께 어우러져
봄 맞이하는 다조지

바실라에 가면

커피잔에 꽃구름
띄워놓고
수채화를 그린다
마알갛게 햇빛으로
목욕한 여인
그윽한 바실라 향에
빠지는

바실라에 가면
은밀히 담장을 기어
오르는 능소화
조롱박이 농염하게
눈길을 흘린다

그곳의 햇살은
해바라기를 달콤하게
꼬드기고
달빛은 밤에만 찾아오는
나의 천사
살며시 포개둔 전설의
실타래 가만가만 풀어내고 있다

해바라기 꽃

새벽 물안개에 몸단장을 하고
아침 햇살로 빗질한 머리로
그리운 님을 기다리고 있다

낮에 나온 반달을 바라본
감시병 고추잠자리가
방전된 날개로
뒷걸음질 한다

한줄기 소나기에도 해바라기는
변하지 않는 마음으로
햇빛으로 꽃을 피우고
달빛에 잉태를 한다

아라연꽃

칠백 년 암흑 속에
스님의 독경소리 듣고 피어난
아라연꽃

죽비에 여름향기 맡고
불면의 밤을 지새우며
묵상하는 와불

흙으로 가는 여정에서
등불이 되어
무정한 샛바람에게
꽃말을 새겨 두고 싶다

맑고 아름다운 미소여

연꽃 사랑

불면의 밤을 지새우며
말 없이 묵상하다
아침 이슬 맑은 햇살에
눈뜬 새벽 하늘
연꽃 아가시가 얼굴 붉히다

진흙속 번뇌를
자비로 피어나는 순백의
지워지지 않는 그리움
별 하나 가슴에 품고
스님이 목어에 만상을 깨우려한다

진흙속 연꽃등불
사랑으로 밝힌다

꽃 무릇

바람결에
출렁이는 푸르름속에
꿈꾸는 산들 개울가
해맑은 하늘이 곱게 열리면
꽃무릇 속살 드러낸 푸른 들녘

늦 여름 초입
환희에 붉은 호흡 가다듬고
둘이 하나가 될 수 없는 운명
빛고을 큰 잔치에
기다리다 지쳐 선방에 눕는다

문골 다랭이 논

자연을 닮은 얼굴
조상의 지혜가 녹아있는
허리 굽은 다랭이 논

눈과 비
바람을 요리하는
도룡뇽의 집

물안개가
쉬어가는 녹색지대
문골 다랭이 천수답

먹이사슬

꽃 길을지나
피톤치드 향기를 토해내는 솔 밭길사이
진주처럼 영롱한
아침이슬을 짜깁기한 거미줄

잠자리 겹눈으로도
피해 갈 수 없는 덫
코로나 팬데믹에 앞이 보이지 않는데
풀벌레 곡예사의 무덤이될 덫

가을 향기에 취해
귀뚜라미 배장이 사랑의 세레나데
들 꽃 향연에 초대 받은 벌들의 낙원
끝없이 이어지는 생명의 순환
배반의 슬픔을 앓는구나

서운암

이른 새벽
산장을 깨우는 스님의 발자국 소리에
잠을 깨는 풀벌레들
계곡을 돌아내리는 물소리 함께
仁者樂山
知者樂水라 조잘대며
새 아침을 맞는다

부처의 말씀을 새기던 중생들이
흘리고 간 기도가 장독마다 농익어 가면
서운암 처마 끝
풍경소리 따라 오르는 산길이
그리 넉넉하다

동피랑

동피랑 벽화에 걸터앉아
나포리 항을 내려다본다

머물고 간 바람결에
노을빛 파도에 출렁이는 시상 詩想

마음속 들끓는 마그마에
문득 그리워지는 바다 향수여

빛바랜 벽화가 석양에 반추되니
속 빈 강정같이 길을 잃고 만다

골목길 넘나드는 울림 없는
엿장수 마음 바다를 품고 있네

빨간 눈사람

언덕위 하얀 세상
눈꽃 같은 빨간 어린아이들
햇빛에 시린 뽀얀 살결
얼굴에 하얀 포말을 희뿌린다

동장군 혹독한 맨몸으로
눈 속에서 뛰놀며
얼굴엔 환한 꽃을 피운다

교회 종소리 울러 퍼지는 첫눈처럼
나뭇가지에 상고대 피고
아이들 만의 겨울을 만들어간다

가파도

에메랄드빛 바다에
코스모스 꽃잎 위에
내려앉은 햇살처럼
소녀의 순정을 느끼며
꽃잎에 머물고 있다

돌아가는 풍차가 길 안내하듯
마라도가 눈 아래 출렁이고
가을꽃 향기가 더욱 감미롭다

제주도의 외딴섬 가파도는
부드럽고 황홀한 첼로현을 켜며
초록빛 바닷바람으로
길손의 마음을 설레게 한다

운곡서원

깊은 계곡 산줄기 타고
빛내림에 기운을 받아
댕기머리 풀고 앉아

시학을 깨우치고
오백년 노거수가 훈장질을 한다

뒷뜨락에 무성한 개망초
꽃자리
전설이 되어
묵은 장독대를 뒤덮고

가을의 길목 황금빛 은행잎
나비 되어
갈바람에 날아 오르면
깊은 한숨 따라 보낸다

낙엽을 쓸어내며
문화유산을 기리고 있다

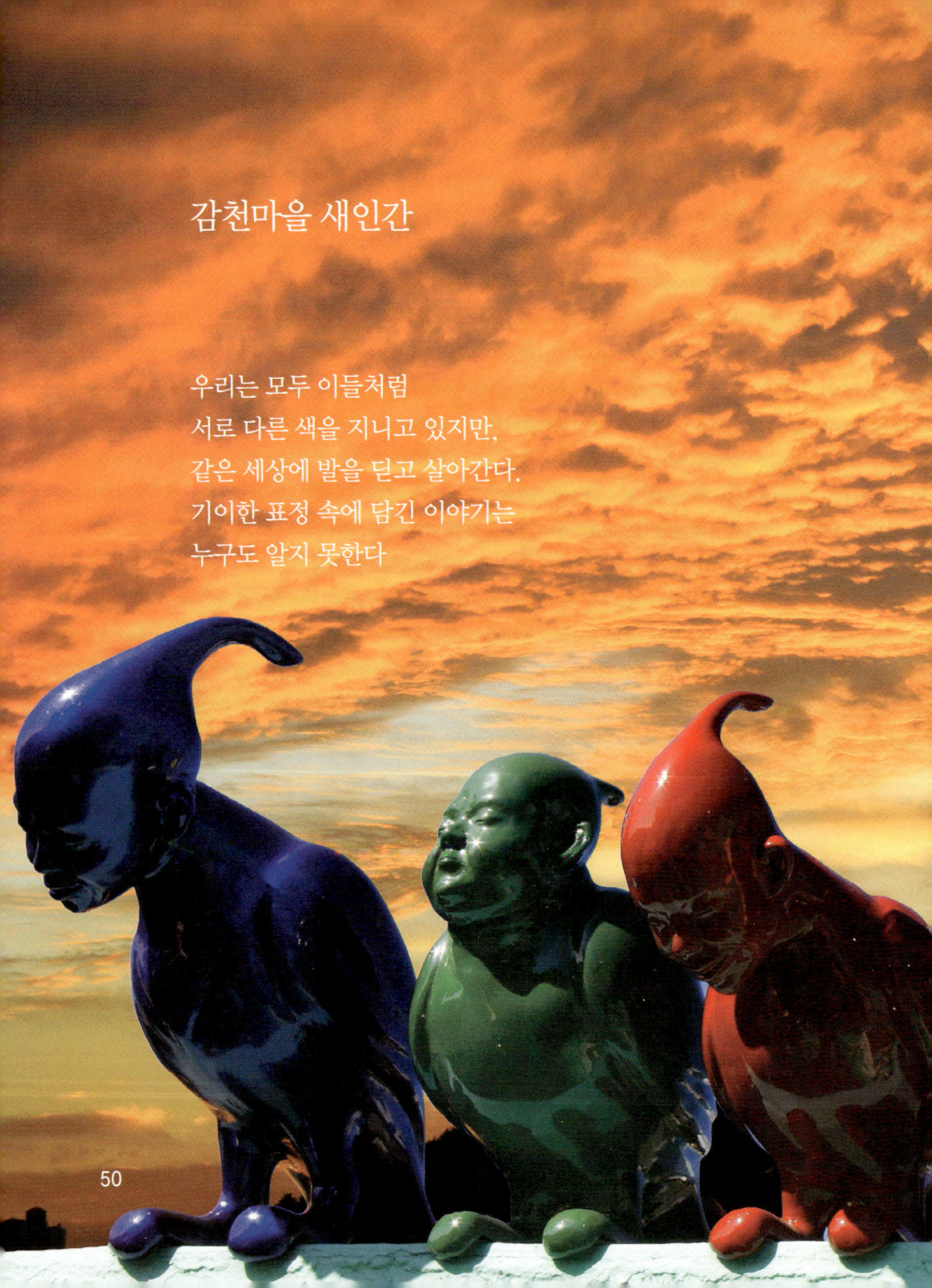

감천마을 새인간

우리는 모두 이들처럼
서로 다른 색을 지니고 있지만,
같은 세상에 발을 딛고 살아간다.
기이한 표정 속에 담긴 이야기는
누구도 알지 못한다

누군가는 기뻐하고
누군가는 슬퍼하지만
결국 노을 아래에서
같은 하늘을 바라본다

감천마을의 언덕 위
이 새인간들은
침묵 속에 서 있지만
그들의 눈빛은 우리에게 묻는다
너는 어떤 색으로
이 세상을 살아가고 있는가?

서라벌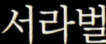

천연의 숨결이 살아 숨쉬는
불국사, 첨성대, 안압지
해 맑은 웃음에는 역사의 주름이였다

핑크뮬리가 널부러진 첨성대 들녘
연인들은 한쌍의 나비가 되어
스마트폰은 사랑의 소야곡이 흐른다

안압지 동궁에 초생달 띄어놓고
귀한 님 맞이하니
임해전 잎새바람 붉게 물든다

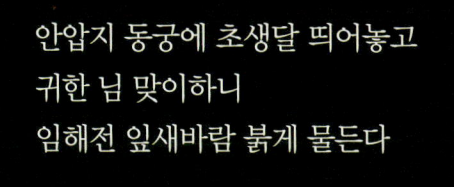

사랑의 미로

붉게타는 노을빛 천사의 날개
경이로운 몸 짓으로
생의 찬가를 불태운다

몸짓으로 사랑이 영글수록
보금 자리에 돌아와
믿음의 씨앗을 낳고
한생을 후회없이 동행한다

노을빛 더욱붉은 얼굴
흰머리 옷깃 여민 노년 삶의 향기다

철새

이른 봄 갈대숲 언저리에
물안개가 숨을 고르고
새도 이슬도 함께
사랑의 씨앗을 품고 있다

넓은 우주 공간에
달과 별들의 긴 대화로
바람결에 생명의 신비가 숨어있다

구절초 향기에 실려 온 이야기로
해와 달을 토할 무렵
저녁 노을이 붉게 물들면
철새들의 군무가 창공을 수놓는다

카트셔핑과 노을

멀리 수평선 파도를 타고
노을빛 카트셔핑의 황홀함
자유와 설렘이 가득하다

금빛 물마루에 몸을 실어
꿈을 향해 날아오르면
우리 꿈도 창공 어디쯤
한 줄기 바람이 되어 흐른다

파도에 출렁이는 저녁노을
바람과 함께 희망과 자유를
세상은 잠시 멈추고
나만의 세계가 펼쳐진다

귀로

붉게 물든 하늘 멀리 산 언덕길
노을빛에 목가적인그림자
하루의 끝자락을 이야기한다

지친 발걸음은 집을 향해
나란히 길을 따라간다.

산들바람불어
멀리서 들리는 새들의 노래소리가
목동의 귀로를 축복한다

오늘도 그렇게
하루가 저물어 가고
자신들의 길을 걸어간다

현충일
―유엔 기념공원에서―

둥근 지구에서
사이좋게 둥글게 살라는 자연의 계시에도
갈라진 강줄기
가끔, 젊은 피빛으로 물보라가 치솟기도 한다

해마다 유월이 오면
하얀 모시적삼 비에 젖으며
살풀이로 영혼을 어루만진다

하얀 목련꽃은 떨어져도 묵상하고
장미꽃은 피 묻은 애환으로 자신을 닦는다

비목나무를 가슴에 안은
안개꽃 너머에 소복입은 여인
새싹이 돋아나면 꽃밭에서
앞가슴을 열고 외로운 영혼들에게 젖을 물린다

계림의 달빛 공연

어둠 속에서 빛나는 초승달
그 위로 춤추는 무희는
달빛을 타고 흐르듯
밤의 고요를 깨운다

호수 위를 미끄러지듯 지나가는 배
노 젓는 이는 꿈을 이끄는 사람처럼
천천히 물결을 가르고 달은 더욱 선명해진다.

달빛 아래 펼쳐진 무대,
별이 내리고 바람이 숨을 죽인 채
계림의 밤은 영원히 기억되리라

시를 쓰는 농부

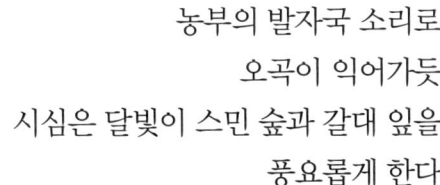

농부의 발자국 소리로
오곡이 익어가듯
시심은 달빛이 스민 숲과 갈대 잎을
풍요롭게 한다

나는 흑냄새가 풍기고
바람 소리가 잦아드는
시詩를 쓰고 싶다

술을 빚듯이
동인들과 마주앉자
한잔술에 삶이 녹아내리는
아름다운 시詩의 향기를 뿜어내고 싶다

진흙덩이로 빚은 인간
시심으로 세월을 박음질 하며
찬란한 등불을 켜고 싶다

추수

햇빛이 비추는 들판
노 부부 두손 가득
바람에 실려
한 해를 갈무리 한다

흐르는 땀방을 만큼
풍요로운 노동의 결실
사랑과 보람의 인연

대지의 은총에 감사하며
노년의 삶를 읽깨어준다

겨울나기

산자락이 내려앉은 마을
겨울의 문턱에서
사람들은 묵묵히 겨울을 준비한다

머리위에 얹힌 나뭇짐
묵묵히 걸음을 옮기며
겨울을 맞이하는 삶의 무게

사람들의 발걸음은
어느새 겨울의 길목에 다다르고

산은 잠시 숨을 고르고
고요한 순간 속에서
마음은 천천히 겨울 맞이를 한다

비상飛翔

아침 하늘을 업고
바람에 몸을 맡기고 날개짖하는
철새들의 향연
웅비를 꿈구는 용의 비늘로
비상의 순간을 꿈꾼다

미운 오리새끼의 몸부림
햇빛 숨죽이는 이른 아침에
바람이 훔쳐가고 휘인 가슴날개
멀어져가는 고향 하늘
이따금 눈에 삼삼히 떠오른다

자연이 베풀고간 무한한 은총
천하가 내 것인양
겸손의 미덕을 잊지말자

징검다리 마을

바람에 실려오는 정겨운 초가집
돌담 넘어 외양간
마을로 향하는 길목
징검다리를 띄워놓고

초가집 지붕위에
박꽃 피는 밤이면
별들의 꿈이 익어간다
멀리 풀벌레 소리 물들면
옛날의 추억이 묻어난다

건너 마을 술익어갈때
물방개 건반치듯
나귀타고 징금다리 따라 건는다

세월의 무게가 스며들때
빛바랜 액자속에 멈춰있다

첫눈 내리는 날

산 넘어 멀어진 고향
하얗게 언 하늘에
눈 꽃으로 생화를 뿌린다

첫 눈은 몽환적이고
첫 고백은 떨리고 서툰 몸짓
첫 사랑은 아쉽고 그리움

첫 눈밭 들이치는 목로주점에 앉아
옛 생각에 술 한잔을
고요속 그리움 지워간다

내 유년 시절
사각 사각 눈 치우는 소리
나이테 수북히 쌓일수록
보석인양 가슴에 품고산다

내 어린 시절

내 손에 들린 책 한 권
작은 손가락이 페이지를 넘기려 하지만
세상은 아직 너무 크고 깊어
글자들은 그저 신기힌 장난감일 뿐

램프에 쏟아지는 빛
그 빛의 의미를 알지 못해도
호기심은 멈추지 않고
세상의 비밀을 밝히려 애쓴다

엄마의 품처럼 따뜻한 공간 속에서
작은 내가 커 가고
한 걸음씩 배워가며
내 세상은 조금씩 열리네

내 어린 시절,
그때의 나를 떠올리면
모든 것이 순수하고
모든 것이 새로운 발견이었다

외로움의 길

언덕길위 교회종탑
어두운 빙딩 숲사이
희미한 빛 한줄기
나 홀로 외톨이 존재

길위의 작은 발걸음
끝이 보이지 않은 길
엄마의 품을 떠난 그리움
푸른 슬픔이 사무치다

그시절 추억의 안테나는
하루를 못채운 낮 달이
그늘이 길어질수록
엄마의 품속이 그리운 환상

배꼽 시계는 멈추고
십자가 종소리가
엄마품은 천국의 안방 이라고
바람결에 속삭인다

농촌 아이들

구름사이 길어진 해
그림자 비껴선 한낮
훔쳐진 세월의
흙에서 두고온 꼬맹이들

산들바람이 주고받는
말없는 대화로
흑백 영화 필름이 돌아가고
포구나무 집 아이들은 그네를 탄다

꿈을 꾸듯 자유롭게 날아오르네
아이들의 티없는 동행이
불쏘시게가 되어
내일을 위한 활시위를 당긴다

골목길 아이소리 멀어갈수록
추억의 삶이 무지게 시집이 되었다

절규

바위 틈 사이
얼굴를 파묻고
입김을 토하는 아픔
신을 부르는 절규

운명처럼 다가온 발자국
산 짐승이 우짖는 소리
뭉크의 절규보다 더 강열함이

갈라진 대지위에
저항을 꿈꾸며
붉은 악마의 환호성

내일를 여는 토우의 합창
좁은 문 사이로
붉은 깃발이 춤을춘다

삼배짜기

수백 가닥의 씨줄들이
손끝에서 춤을 추듯 움직인다
베틀 위에서 삼배는
하나의 결을 더해가며
고통의 시간을 엮어낸다.

실 한올에 깃든사연
모든 것이 하나로 엮어
삼배로 피어난다.

사랑의 노동이 숨쉬고
아름다운 삶의 무게가 녹아있는
오랜 세월 속에 뿌리를 내린다.

삼배를 짜는 손길엔
시간이 머물고,
그 안에 어머니의 정성
눈물의 씨앗이 녹아있다

오늘도 삼배는 그렇게
과거와 현재를 잇는
실타래가 되어
세월을 이어간다.

길쌈

빛이 스며드는 창가에서
손끝에 쌓여가는 실타래
시간의 흐름을 담고,
세월의 흔적을 짜내듯 엮여간다

땀 흘린 어머니의 손길
그 속에 담긴 인내와 정성은
한올 한올 꿈의 영토가되어
삶의 온기를 꿰멘다

바구니 속에 쌓인
작은 씨앗이되어 따뜻한 사랑으로 피어나
절망과 고통을 감싸 안아
이 겨울의 차가움을 이겨내리라

길쌈은 단순한 노동이 아니라,
세월을 짓고,
마음을 짓는 어머니의 손끝에서
세상은 조금씩 완성되어간다

황혼의 얼굴

깊게 패인 주름
축 늘어진 세월에
흰머리 풀어 헤친 손끝에
가슴 헐렁한 쌍가락지였다

황혼의 얼굴은
눈을 감아도 가슴속 눈빛는
내뜰에 꽃을심어 가꾸며
수많은 이야기가 숨어있다

얼굴이 검붉고 하얗게 물들 때
실금에 새겨진 손톱 문양이
사랑하는 가족의 얼굴를 세공한다

한세상 마지막 떠나는
뒷모습이 아름다워라

연탄 갈기

겨울의 길 모퉁이에서
골목길 돌아 찬바람 소리
삶이 부대끼는 산동네

하얗게 타버린 연탄재
유령같은 달빛에
빗살무늬 토기같은 삶

주름진 세월속
다태워 버린
할머니 가슴처럼 시리다

연탄은 어머니의 사랑처럼
뜨거운 삶 일어서는날
혼불되어 다시태어나리

장독 마을

흙으로 빚어진 옹기 마을
진흙속 막사발
최고의 걸작으로
천국의 객실를 장식하고싶다

고요한 아침햇살
숙성된 맛과 향을 머금고
소박한 삶과 진솔함이
옹기종기 살아 숨쉬는 마을

세월이 품고
된장이 익어가는
말없이 지켜온
새대를 이어갈

솔잎 향기 깃든 옹기 마을이고 싶다

겨울 덕장

대관령 골바람이
하늘에서 내리는 하얀 눈으로
새벽녘 차창에 하얀 그리움을 그린다

차창에 피어난 눈꽃을 바라보면
시린 칼바람에도
내 마음을 설레게 한다

잔설 속에서 뛰쳐나온 양떼처럼
황홀한 비경에
카메라가 방전된다

명태 덕장이 있는 식당에서
술 한 잔에 몸을 풀고 있을 때
미이라가 된 명태들은
인간들이 맛보는 형태를 훔쳐보고 있다

아기 사랑

사랑이란
가슴에 피멍들고
팔베개로 재우는
엄마의 헌신

허기진 아이들의 그림자 앞에
아빠는 홋가이도 유바리 탄광에서
독일의 루르 탄광에 몸을 던지는 환상

사랑하는 새끼 몸에서
꽃 향기가 난다
비상하는 날개짓으로
보은을 한다

해변의 아이들

바닷바람이 살랑이는 모래밭
배꼽티 꼬맹들의 웃음소리가
파도처럼 번져간다.

모래바람 회오리치고
파도의 어깨춤이
바위 섬이 자맥질하며
아이들의 물장난치는 모습이 아련하다

햇빛에 물버섯이 반짝이는
옛 송도 앞 바다가 그리웁다
쪽빛 바다와 옥빛 푸른 하늘

이제는 인지능력이 떨어지는
아날로그 시대
병목된 구간을 앓고 있다

수련과 실잠자리

연못이 오선지가되어
높은 음자리표 선율이 모여
실잠자리와 나비 불어모아
합창을하고 사랑을 나눈다

풍경 소리에 졸다 깬
노 스님의 독경 소리에
산책나온 벌과 곤충들이
바람을 타고 날아오른다

진흙속 번뇌를
영롱한 이슬로 다시 태어나
삶의 조화가 담겨 있다.

수련 잎새에 부는바람
맑은 햇살에 멈추고
풀벌레 소리가 시로 물들다

수련꽃

하늘과 땅에 가득한 향기에
천상의 음계를 따라
연분홍 꽃잎에 눈을 헹군다

진흙 속 번뇌를
수줍은 소녀가
붉은 입술을 내민다

비 오는 날
실잠자리 사랑놀이
캔버스에서
세련된 몸짓으로
행위 예술을 한다

할미꽃

봄 햇살 쏟아지는 뒤뜰 마루에
울 할머니가 꿈을 꾼다

하늘나라에 간 남편에게
꽃잎 하나로
따뜻한 사랑의 편지를 띄운다

초여름 박꽃 피는 밤
앞마당에 모닥불 피워
참외 먹으며 별을 헤아리는 이야기꽃에
아픈 만큼 눈시울이 붉게 물든다

할머니 굽어진 허리
봄 햇살에 털 지팡이 짚고 서있는
할미꽃이었다.

동박새

작은 새 붉은 열매 물고
고요한 숲 속의 아침을 깨운다.
가느다란 가지 끝에서 노래하듯,
초록빛 날개 아래 작은 생명이 춤춘다.

장승 기둥그 속의 깊은 숨결
옛 이야기를 말없이 품고서
세월을 훔친 그 모습바라보며
바람에 뒤척이는 붉은 열매
자연의 손길이 깃든 곳
조용한 바람 속에 숨겨진 이야기들
열매와 함께 익어가는 순간들
그 자리에서 시간을 멈춘다

시비 있는 마을(고향)

대표 시 한수

서운암 / 주철민

이른 새벽
산장을 깨우는 스님의 발자국 소리에
잠을 깨는 풀벌레들
계곡을 돌아내리는 물소리 함께
仁者樂山
智者樂水라 조잘대며
새 아침을 맞는다

부처의 말씀을 새기던 중생들이
흘리고 간 기도가 장독마다 농익어 가면
서운암 처마 끝
풍경소리 따라 오르는 산길이
그리 넉넉하다

시비 제막식(고향)

회원님과 함께 활동

가족과 함께

안중근 의사를 찾아서

제35회 부산 사진대전 심사

주 철 민

Profile

1975. 8. 20.	부산사진예술학원장 역임
1975. 12. 27.	사진예술클럽 영사회 창립 회원 및 고문(현)
1982. 8.	월간 사진 예술 영상지 추천작가 위촉(현)
1982. 11.	부산교육대학 사진예술 교양 강좌 담당
1985. 10. 21.	부산 경찰청 사진 감식 요원 강사 역임
1992. 4. 24.	부산광역시 남구문화예술의원 위촉
1993. 10. 24.	전국 촬영대회(부산,마산,대전,구미,서라벌)지도위원 위촉
1994. 2.	세종문화회관 한국 100인 사진 초대전 참가
1994. 8. 15.	제 1회 전국촬영대회 지도위원 자격증 취득
1995. 5.	한국사진작가협회 김해 지부장 역임
1995. 6. 23.	'95 미술의 해 향토 사진작가 초대전 참가
1995. 12. 16.	광복 50주년 기념 초대전 참가
1996. 5. 10.	제 20회 가락문화제 전국사진 공모전 심사위원 위촉
1996. 10. 19.	경남 탄생 100주년 기념 초대전 참가
1997. 2. 4.	세종문화회관 100인 사진 초대전 참가
1997. 10. 4.	제 1회 가야 전국사진 공모전 운영위원장 위촉
1997. 10. 10.	제 78회 전국체전기념 김해 예총 초대전 참가
1997. 10. 23.	제 1회 남구 문화 예술회 초대전 참가
1998. 4. 11.	제 22회 가락문화제 전국 사진 공모전 운영위원장 위촉
1999. 12. 12.	부산일보 사진동우회 제 10대 부회장 역임
2001. 10. 25.	부산시 남구 사진 예술회 정.부회장 역임

2002. 11. 6.	제 5회 영·호남 사진 교류전 참가	
2002. 12. 3.	제 10회 부산일보 전국사진 대전 운영 위원 위촉	
2003. 3.	부산예술대학 디지털 사진 영상학과 강사 역임	
2005. 2.	한국 사진작가협회 부산지회 부지회장 역임	
2007. 10. 17.	제 1회 유엔기념공원 사진 공모전 심사위원 위촉	
2007. 10. 25.	제 14회 국제신문 전국사진 공모전 운영위원장 위촉	
2008. 2.	한국 사진작가협회 부산지회 부지회장 역임	
2008. 5. 17.	제 22회 부산 청소년 예술제 사진 공모전 운영위원 위촉	
2009. 5. 6.	제 23회 부산 청소년 예술제 심사위원 위촉	
2011. 3. 15.	한국사진작가협회 자문위원(현)	
2010. 5. 10.	부산시 남구 문화원 이사(현)	
2021. 6.	문장21시 신인상 수상	
2021. 6.	부산시인협회 회원 입회	
2021. 7.	부산시 남구 문인협회 회원 입회	
2022. 11. 15	부산광역시의회의장 공로상	
2023. 10. 6	제61회 부산예술제 우수작품상	
2024. 6. 13	제35회 부산사진대전 심사위원장역임	

상패 및 출판

1986. 7.	Photo Art & Pro Technique : 발간
1999. 2.	한국예술문화단체 총연합회 김해지부 : 공로패
1999. 2.	한국사진작가협회 본부 : 공로패
2004. 2.	인물사진 1집, 2집 출판 : 발간
2008. 2.	한국사진작가협회 부산지회 : 공로패
2012. 2.	한국사진작가협회 부산지회 : 공로패
2019. 7.	주철민의 사진집 출판 : 발간
2021. 11.	주철민 사진집 Ⅱ 출판 : 발간
2024. 10.	시를 품은 자연 출판 : 발간

시를 품은 자연

2024년 10월 16일 인쇄
2024년 10월 18일 발행

저　　자 : 주 철 민
발 행 인 : 박 중 열
인 쇄 처 : 효성문화사
발 행 처 : 다솜출판사
등록번호 : 제2001-000001호(1994년 4월 22일)
주　　소 : 부산광역시 중구 대청로135번길 10-1
　　　　　TEL. : (051)462-7207~8
　　　　　FAX. : (051)465-0646

정가 18,000원
이 책의 무단복제를 금함.
ISBN : 978-89-5562-790-9 03810

한국예술인복지재단 창작준비금 지원으로 제작되었습니다.